TALLEYRAND

Todo por la gloria de Francia

Por Romain Parmentier
Traducido por Laura Soler Pinson

Historia **50MINUTOS**.es

CHARLES MAURICE DE TALLEYRAND-PÉRIGORD

- **¿Nacimiento?** El 2 de febrero de 1754 en París.
- **¿Muerte?** El 17 de mayo de 1838 en la misma ciudad.
- **¿Principales aportaciones?**
  - La Declaración de los Derechos del Hombre y del Ciudadano (1789).
  - La Constitución civil del clero (1790).
  - La primera Constitución francesa (1791).
  - La llegada y caída de Napoleón Bonaparte (1796-1821).
  - El Tratado de Lunéville (1801).
  - El Concordato (1801).
  - La Paz de Amiens (1802).
  - El Tratado de Presburgo (1805).
  - El papel activo que desempeña en la restauración de los Borbones (1814-1815).
  - El Congreso de Viena (1815).
  - La Conferencia de Londres (1830).

Charles Maurice de Talleyrand-Périgord, acusado

de todos los vicios y calificado como diablo, traidor o, incluso, criticado por su cinismo, representa a la perfección la quintaesencia del arte diplomático, que practica con maestría. Talleyrand, que sobrevive a al menos 8 regímenes políticos diferentes, desde la monarquía absoluta del Antiguo Régimen hasta la Monarquía de Julio, solo tiene un objetivo durante toda su vida, que es la gloria de Francia, lo que le lleva a traicionar sin titubear a cualquier persona que lo haya apoyado en un momento dado si con ello logra alcanzar su objetivo.

Sin embargo, nada llevaba a pensar que este hombre talentoso destacaría en esa época. El joven Talleyrand, que nace con una discapacidad en el pie, se orienta hacia una carrera eclesiástica, no política. Aun así, tiene ganas de cambiar su condición y toma la primera oportunidad que se le presenta para fraguar su propio destino. Así pues, en 1789 se une a los revolucionarios y asciende los escalones del poder. Aprovecha las oportunidades y se alía con las personas influyentes de su época. Por el camino, descubre los logros del joven Napoleón Bonaparte, en el que percibe todo su potencial. Así, acaba participando en el golpe de Estado del 18 de brumario del año VIII (9 de noviembre de 1799), que coloca a Napoleón a la cabeza del país. Juntos, logran dar a Francia toda la grandeza de un imperio.

No obstante, poco importa para quién trabaje Talleyrand, ya que durante toda su vida conservará su independencia y defenderá sus propias ideas: moderación, equilibrio de las potencias europeas y paciencia son sus palabras clave. Con astucia, logra manipular a todos sus interlocutores. Actúa tanto a plena luz del día como desde las sombras y, a través de sus actos, llega a influir en la política de Francia y de Europa en una época en la que todos los giros drásticos son posibles.

BIOGRAFÍA

EL NIÑO ABANDONADO

Charles Maurice de Talleyrand-Périgord nace el 2 de febrero de 1754 en París, y es el mayor de una familia de 3 hijos. Sus padres, Charles-Daniel de Talleyrand-Périgord (1734-1788) y Alexandrine de Damas d'Antigny (1728-1809), provienen de la nobleza y viven en la Corte, en Versalles. No por ello su situación económica es fácil, sobre todo después de que las herencias favorezcan a otras ramas de la familia. Debido a sus cargos en la Corte, el joven Charles Maurice es criado lejos de sus padres. Esta situación es común en una época en la que lo más habitual era confiar los hijos nobles a amas de cría. No obstante, el diplomático se queja de ello en sus memorias y subraya la indiferencia y la negligencia de sus padres para con él. Sin embargo, este resentimiento solo sirve para justificar una discapacidad que va a condicionar toda su vida: su pie equinovaro.

Aunque en la actualidad se cree que se trata de una deformación de nacimiento, el diplomático siempre lo presentará como un accidente causado por su nodriza. Esta última lo habría dejado caer cuando este tenía 4 años y no le habría proporcionado los cuidados necesarios. Talleyrand siempre lo percibirá como el resultado del abandono de sus padres. En 1762, ingresa en el colegio de Harcourt, donde sufre las burlas de los otros niños. Pero las consecuencias de su pie equinovaro no solo se ven a través de las bromas de sus compañeros. En efecto, con 16 años y a pesar de carecer de convicción religiosa, el joven Talleyrand se ve obligado a seguir el camino eclesiástico.

LA IGLESIA A FALTA DEL EJÉRCITO

A pesar de que por su estatus de hermano mayor estaba destinado a la carrera militar, Charles Maurice de Talleyrand-Périgord es apartado de ella, ya que sus padres consideraban que su discapacidad era demasiado importante como para soportar una carga así. Charles Maurice, destituido de sus derechos de primogénito en favor de su hermano menor Archambaud de Périgord (1762-1838), ve cómo se le impone una trayectoria eclesiástica. Así, en numerosas ocasiones afirmará: «Mis pies me convirtieron en cura»[1] (de Waresquiel 2003, 38). Este destino que sus padres han trazado para él también está influido en gran medida por su tío Alexandre-Angélique de Talleyrand-Périgord (1736-1821), obispo coadjutor de Reims y arzobispo a partir de 1777. Así pues, el joven Talleyrand, resignado, entra en el gran seminario de Saint-Sulpice de París en 1770. Sale de él 4 años más tarde, tras haber recibido las órdenes menores y haber defendido una tesis de bachiller.

A partir de esta fecha, Talleyrand asciende progresivamente los escalones de la carrera eclesiástica con el apoyo de su tío. Esto no le impide llevar una vida libertina, opuesta a toda moral católica, recorriendo las casas de juego en cuanto tiene la más mínima ocasión. En 1775, recibe las primeras órdenes mayores al ocupar la función de subdiácono. A continuación, se convierte en canónigo de la catedral de Reims y en abad comendatario de Saint-Denis de Reims. Para acabar, su tío le permite llegar a ser diputado de la asamblea del clero de 1775. Este ascenso continúa cuando, en 1779, tras haber obtenido su título de Teología en

---

1. Cita traducida por 50Minutos.es

la Sorbona, el joven abad es ordenado sacerdote con 25 años. Ese mismo año, su tío le ofrece el puesto de vicario general de la diócesis de Reims.

El ingreso en el sacerdocio abre nuevas puertas a este joven ambicioso. En 1780, recibe el puesto de agente general del clero de Francia. Además de un acceso al control de las finanzas de la Iglesia, de la que puede observar su inmensa riqueza, esta función le permite crear una red de personalidades influyentes y debutar en la diplomacia y en la gestión de los bienes inmuebles del clero. La última consagración de esta carrera sin vocación le llega a Talleyrand en 1788, cuando obtiene el obispado de Autun. Este hombre, que desde su infancia está movido por un importante deseo de revancha por un destino que jamás pudo elegir, ve en este nombramiento el medio para acceder al poder político: el contexto de la época en Francia le dará la razón.

UNA CARRERA POLÍTICA BRILLANTE

La situación desastrosa de Francia a finales del siglo XVIII permite que el obispo de Autun dé sus primeros pasos en política. Es elegido diputado del clero en los Estados Generales de

1789 y participa activamente en la Revolución que acaba estallando. En particular, propone la nacionalización de los bienes del clero y que los eclesiásticos presten juramento. Dimite de su puesto de obispo en 1791 y, al año siguiente, es enviado a Inglaterra para mantener la paz con Francia. No obstante, el inicio del Terror lo lleva al exilio a Londres y, más adelante, a Estados Unidos, donde se queda 2 años.

Vuelve en 1796 y accede a la cartera del Ministerio de Asuntos Exteriores, una función que ocupará hasta 1807. Cuando cae el Imperio napoleónico (1814), toma las riendas del Gobierno provisional y restaura la autoridad de los Borbones. También participa en el Congreso de Viena, donde salva el estatus de Francia en el ámbito internacional. Talleyrand se muestra a favor de instaurar una monarquía constitucional, en vez de volver a una absoluta, algo que le vale el desprecio de los reyes Luis XVIII (1755-1824) y de Carlos X (1757-1836). Por el contrario, Luis Felipe I (1773-1850) lo aprecia y le propone la función de ministro de Asuntos Exteriores en 1830. No obstante, el diplomático prefiere convertirse en embajador en Londres, un cargo que ocupará hasta 1834.

Talleyrand, que aspira a una jubilación merecida, vuelve a Francia, donde fallece en 1838 en París, a los 84 años.

CONTEXTO

LA REVOLUCIÓN FRANCESA

Talleyrand, a quien se conoce por ser un hábil diplomático, también puede jactarse de ser el hombre de todos los regímenes. En efecto, entre finales del siglo XVIII y principios del XIX, Francia vive una sucesión de regímenes políticos variados. Este periodo de inestabilidad, que se inicia con la Revolución de 1789, también es consecuencia de fenómenos que se operan desde hace varias décadas.

La burguesía urbana, irritada por la concentración de los privilegios en la nobleza y en el clero, se convierte en una fuerza revolucionaria en potencia tras más de medio siglo de enriquecimiento y de difusión de las ideas ilustradas contra la tiranía. La burguesía, que es el auténtico motor económico del país, está excluida de la política y de la gestión del Estado, al contrario que los nobles y el clero, que se quedan los mejores puestos y, además, están eximidos de cualquier impuesto.

Además, a finales del siglo XVIII, la Francia absolutista regida por el rey Luis XVI (1754-1793) atraviesa desde hace varios años una crisis agrícola y financiera severa. Tras una demanda creciente, el precio del grano sube por las nubes, pero los sueldos no aumentan a la par, lo que genera una notable disminución del poder adquisitivo de los franceses. Por su parte, el déficit de las finanzas públicas, agravado por la participación en la guerra de Independencia de Estados Unidos (1775-1782), es constante, ya que la única entrada de dinero posible está en la creación de nuevos impuestos. En este contexto agitado, el 8 de agosto de 1788, Luis XVI se ve obligado a convocar los Estados Generales, que son los únicos que pueden decidir la recaudación de impuestos en una situación de este calibre. El 5 de mayo de 1789, se inician en Versalles estos Estados Generales, a los que están invitados 1139 diputados (291 para el clero, 270 para la nobleza y 578 para el tercer estado, cuyos efectivos se han duplicado para la ocasión).

| *Apertura de los Estados Generales en Versalles, en la sala de los Pequeños Placeres, el 5 de mayo de 1789*, cuadro de Isidore-Stanislas Helman y de Charles Monet.

Los Estados Generales, reunidos con el objetivo de elaborar una reforma fiscal, fueron mucho más allá de su función. El tercer estado, que rechaza la condición de privilegiados de los otros 2 órdenes y que representa al 96 % de la población, se constituye como Asamblea Nacional el 17 de junio. Frente a este primer gesto revolucionario, el rey intenta disolver la Asamblea negándole el acceso a la sala de reuniones. Como respuesta, el 20 de junio, los diputados se juntan en la sala del Juego de Pelota y prestan juramento para no disolverse antes de haber dotado a Francia de una constitución. Luis XVI se ve obligado a ceder y termina por reconocer la Asamblea, a la que se unen los nobles y el clero. El 9 de julio, la Asamblea Nacional se convierte en Constituyente, con lo que se marca definitivamente el final de la monarquía absoluta. En paralelo, se palpa la agitación en las ciudades del reino, sobre todo en París. El 14 de julio de 1789, los parisinos toman la Bastilla, símbolo de la arbitrariedad real. No obstante, aunque el acontecimiento se reconoce como el punto culminante de la Revolución, no propicia la caída de la Corona.

| Cuadro que representa la toma de la Bastilla.

TRANSICIÓN SANGRIENTA: DEL TERROR AL DIRECTORIO

La Asamblea quiere dotar a Francia de una constitución, pero también desea mantener el orden en el reino. Para calmar las tensiones, abole los privilegios el 5 de agosto de 1789 y, el 26 de agosto, proclama la Declaración de los Derechos del Hombre y del Ciudadano. En paralelo, para mejorar las finanzas, la Constituyente decreta la nacionalización de los bienes del clero, considerando que pertenecen a la nación y no a la Iglesia. Para acabar, el 3 de septiembre de 1791, la Asamblea vota la primera Constitución francesa e instaura la separación de poderes. A partir de ese momento, Luis XVI ya no es soberano de Francia, sino de los franceses, y se convierte en el primer rey constitucional del país.

Pero la calma no dura mucho. En abril de 1792, Francia entra en guerra contra Austria. Luis XVI, sospechoso de conspirar junto con los enemigos de la nación para restablecer la monarquía absoluta, genera cada vez más hostilidades. El 10 de agosto, París, liderada por Danton (político francés, 1759-1794), se subleva e invade el palacio de las Tullerías, donde reside la familia real, que se refugia en la Asamblea. A esta última, que también sufre ataques a su vez, no le queda más opción que abolir la monarquía. Se elige una nueva asamblea, llamada Convención, y se proclama la Primera República. En septiembre de 1792, empieza el año I del nuevo régimen, con una nueva constitución. Luis XVI, encerrado en la cárcel del Temple, es condenado a muerte por traición y guillotinado el 21 de enero de 1793.

| *Ejecución de Luis XVI*, según un grabado alemán, 1793.

Embriagados por la creación de la República, los revolucionarios solo desean una cosa: exportar sus ideas y liberar a los pueblos de la tiranía. Indignadas por la muerte de Luis XVI, las potencias extranjeras no comparten esta opinión. En 1793, se forma una primera coalición que reúne a Austria, a Prusia, a Inglaterra, a España y a Piamonte-Cerdeña para combatir a los insurrectos franceses. Todas las fronteras francesas están amenazadas y son recurrentes las deserciones. La recién nacida República, que sufre las amenazas externas, también tiene que hacer frente a las internas. En marzo, estalla una guerra civil en la Vendée, seguida por la insurrección de varios departamentos contra París. Frente a estos peligros internos y externos, la Convención suprime todas las libertades y declara que el Gobierno de Francia será revolucionario hasta que vuelva la paz. Se instaura un régimen de emergencia: el Terror.

En marzo de 1793, se crea un Tribunal Revolucionario que, asistido por un Comité de Seguridad General, persigue a los enemigos de la Revolución. En paralelo, un Comité de Salvación Pública (abril de 1793) dirigido con mano de hierro por Robespierre (político francés, 1758-1794) se encarga de gobernar Francia y en seguida obtiene plenos poderes. Robespierre da a Francia la guillotina, y estas 3 instituciones llevan a entre 35 000 y 40 000 franceses al cadalso. Este régimen dictatorial se endurece hasta junio de 1794 con la ley del 22 de pradial (10 de junio), que suprime cualquier posibilidad de defensa de los acusados durante los juicios. No obstante, la victoria de Fleurus el 26 de junio contra los ejércitos enemigos trae de nuevo la calma a las fronteras. El Terror ya no tiene justificación alguna, por lo que

Robespierre pierde sus apoyos. El 28 de julio de 1794, es arrestado y guillotinado. Toma el poder una nueva convención, pero no logra responder a los problemas de abastecimiento que sufre el país. El 22 de agosto de 1795, redacta una nueva constitución, llamada del año III, que da lugar a la creación del Directorio.

Este nuevo régimen vuelve a dar al poder ejecutivo una cierta autoridad y cuenta con 5 directores que lo dirigen. Estos deben tener al menos 40 años y son renovados todos los años por 1/5 de los votos. Los 5 primeros fueron:

- Jean-François Reubell (1747-1807);
- Emmanuel-Joseph Sieyès (1748-1836), que dimitirá poco después de su nombramiento y será sustituido por Lazare Carnot (1753-1823);
- Louis François Letourneur (1751-1817);
- Louis Marie de La Révellière-Lépeaux (1753-1824);
- Paul Barras (1755-1829).

Por su parte, el poder legislativo se confía a 2 cámaras: el Consejo de los Quinientos, compuesto por 500 elegidos que tengan más de 30 años, renovados cada año por 1/3 de los votos, y el Consejo de Ancianos, compuesto por 250 personas elegidas que tengan más de 40 años, que también son renovadas anualmente por 1/3 de los votos.

Sin embargo, el equilibrio de las fuerzas políticas no ha alcanzado la estabilidad.

EL CONSULADO Y EL IMPERIO

El Directorio, en apuros por los desacuerdos políticos, en seguida se muestra incapaz de gobernar Francia. Se amañan varias elecciones, lo que termina de desacreditar al régimen. En noviembre de 1799, el director Emmanuel-Joseph Sieyès busca derrocar el Directorio. Para ello, se alía con un joven general corso que goza de una cierta popularidad desde su victoria en el puente de Arcole en 1796: Napoleón Bonaparte (1769-1821).

El 18 de brumario del año VIII (9 de noviembre de 1799), Bonaparte dirige un golpe de Estado que pone un punto final al Directorio. El general usa las armas contra los diputados y pide la redacción de una nueva constitución. La Constitución del año VIII, acabada el 13 de diciembre, entra en vigor el 25 de diciembre y, con ella, se instaura un régimen con un poder ejecutivo fuerte y autoritario: el Consulado. Bonaparte se convierte en el primer cónsul y concentra los poderes en su persona. Lo acompañan otros 2 cónsules, que solo tienen voz, pero no voto.

El Consulado limpia la imagen de Francia. En efecto, la situación mejora, tanto dentro como fuera del país, con la firma de varios tratados de paz con las potencias extranjeras. Entonces, empieza a abrirse camino la idea de un consulado vitalicio y, el 2 de agosto de 1802, una nueva constitución proclama precisamente cónsul vitalicio a Bonaparte. Esta posición se ve reforzada aún más en 1804. Vuelve la guerra y Francia desea proveerse de un régimen fuerte y prestigioso: el 18 de mayo de 1804, Napoleón Bonaparte se convierte en emperador de los franceses con el nombre de Napoleón I.

| *Consagración del emperador Napoleón I y coronación de la emperatriz Josefina*, cuadro de Jacques-Louis David, 1806-1807.

Este periodo de agitación cambia profundamente la sociedad, instaurando una mayor racionalidad en el día a día de los ciudadanos. Así, los territorios se dividen en 83 departamentos que son relativamente parejos en superficie, un número que alcanzará los 130 en el apogeo del Imperio. Se abole la justicia del Antiguo Régimen, con sus excepciones y sus privilegios, en favor de una justicia racional e igualitaria, que todavía sigue en vigor. Nacen los códigos, como el Código Civil.

Se crea un sistema métrico idéntico en todo el Imperio, lo que provoca que surjan las medidas modernas. Para acabar, la leyenda napoleónica, con sus numerosas victorias, pero también con sus derrotas, se inscribe poco a poco en la historia. Talleyrand, en calidad de diplomático, contribuye a ello, tanto para bien como para mal.

MOMENTOS CLAVE

ACTOR DE LA REVOLUCIÓN

El 2 de noviembre de 1788, Talleyrand, que busca tomarse su revancha sobre una vida dictada por su familia y por su discapacidad, termina por alcanzar la oportunidad que tanto ha deseado para ascender y demostrar su valía. A pesar de las muchas reticencias debidas a su forma de vida libertina, opuesta a la moral cristiana, el rey Luis XVI lo nombra obispo de Autun cuando solo tiene 34 años. Esta nueva función episcopal, por la que Talleyrand apenas muestra interés, le permite sobre todo acceder a la antesala del poder. De hecho, el obispo de Autun es titular de la presidencia de los estados de Borgoña y, tradicionalmente, es elegible para el arzobispado de Lyon cuando el puesto esté vacante. Además, la crisis financiera y agrícola que sacude el reino de Francia en este final del siglo XVIII brinda una oportunidad todavía mayor al obispo para cambiar su destino.

Los Estados Generales, que el rey convoca el 8

de agosto de 1788 para el mes de mayo del año siguiente, deben enviar a Versalles a diputados de los 3 órdenes, entre ellos, del clero, al que pertenece en ese momento Talleyrand. El joven obispo en seguida aprovecha esta ocasión y, el 22 de marzo de 1789, acude por primera vez a su obispado con la firme intención de salir elegido como diputado del orden eclesiástico de su región. Aumenta sus contactos, obtiene fácilmente los votos necesarios y vuelve hacia París el 22 de abril. La apertura de los Estados Generales el 5 de mayo marca el inicio de su carrera política. No obstante, el obispo mantiene su prudencia y su discreción durante las primeras semanas de reunión.

Talleyrand observa el peso creciente del tercer estado y alerta a la gente cercana a la familia real sobre la situación revolucionaria que se está dibujando. En particular, sugiere la disolución de los Estados Generales en provecho de un sistema bicameral inspirado en el modelo inglés, con una cámara alta compuesta por la nobleza y por el clero y una cámara baja que agrupe a los representantes del tercer estado. Frente al rechazo de sus propuestas, el 26 de junio, Talleyrand termina por unirse al tercer estado, que se ha erigido como Asamblea Nacional. A partir de esta fecha, su influencia no dejará de crecer hasta que se ponga en marcha el Terror.

La sucesión de los acontecimientos revolucionarios otorga cada vez más relevancia a Talleyrand en la Asamblea. El obispo, aliado de Mirabeau (político francés, 1749-1791), multiplica sus intervenciones para reformar el reino. En particular, el 14 de julio de 1789, ingresa en el comité de redacción de la futura constitución, de la que se convertirá en uno de los firmantes. Lo mismo sucede con la Declaración de los Derechos del Hombre y del Ciudadano, de la que Talleyrand redacta el artículo VI:

> «La Ley es la expresión de la voluntad general. Todos los Ciudadanos tienen derecho a contribuir a su elaboración, personalmente o a través de sus Representantes. Debe ser la misma para todos, tanto para proteger como para sancionar. Además, puesto que todos los Ciudadanos son iguales ante la Ley, todos ellos pueden presentarse y ser elegidos para cualquier dignidad, cargo o empleo públicos, según sus capacidades y sin otra distinción que la de sus virtudes y aptitudes» (Arévalo 2016).

A continuación, continúa su trayectoria en el ámbito de la economía, dado que Francia sigue atravesando graves problemas financieros. Así pues, el obispo de Autun propone que se nacionalicen los bienes del clero. Como agente general del clero, Talleyrand había llevado a cabo en 1780 un inventario de los bienes de la Iglesia en Francia. Por lo tanto, es totalmente consciente de la inmensa riqueza de la institución. Su propuesta encuentra un amplio respaldo entre los diputados del tercer estado, pero cae como un jarro de agua fría en el clero, que insulta al obispo y lo acusa de traición. Este acontecimiento forja la imagen diabólica de Talleyrand, dispuesto a traicionar a cualquiera para su propio interés y el de Francia. Aún más, en 1790, el obispo propone que se obligue al clero de Francia a prestar juramento, con lo que estaría sometido a la autoridad de la nación, y desea a la vez otorgar la ciudadanía a los judíos.

Talleyrand, que es tratado de apóstata, sigue manteniendo su influencia en el desarrollo de la Revolución. El 16 de febrero de 1790, se convierte en presidente de la Asamblea Nacional. Durante la Fiesta de la Federación del 14 de julio, tiene que celebrar la misa en el Campo de Marte, en París. El obispo, que es consciente de que es un pésimo eclesiástico poco acostumbrado a dar misa, declara ante el altar al marqués de Lafayette (político y militar francés, 1757-1834): «Por piedad, no me haga reír»[1] (de Waresquiel 2003, 140).

Talleyrand ha alcanzado un nivel de influencia suficiente y desea proseguir su trayectoria política, por lo que decide poner un punto final a su carrera eclesiástica. Dimite del episcopado, con lo que vuelve a despertar las iras de la Iglesia, que lo excomulga. El antiguo obispo también ve que están cambiando las cosas en Francia. En 1792, es enviado a Inglaterra para garantizar la neutralidad de esta potencia en el conflicto que enfrenta a Francia y a Austria. Cuando vuelve, la caída de las Tullerías del 10 de agosto propicia que Francia se precipite en el Terror. Talleyrand es consciente del peligro, opta por disimular su exilio y regresa hacia Inglaterra el 10 de septiembre.

---

1. Cita traducida por 50Minutos.es

EL APOYO AL PEQUEÑO GENERAL CORSO EN EL GOLPE DE ESTADO

En plena inestabilidad política, el peligro que percibe Talleyrand es real. Unas semanas después de su partida, se abre el armario de hierro de Luis XVI y sale a la luz la connivencia del antiguo obispo con la monarquía. Para la joven República, esto es un acto de traición. Talleyrand es acusado por la Convención y es inscrito en la lista de los emigrados a principios de 1793. De momento, se queda en su exilio en Inglaterra, donde se crea nuevos contactos. No obstante, su presencia termina por incomodar a las autoridades inglesas, que se preparan para luchar contra Francia. Talleyrand se ve obligado a abandonar la isla y, dado que no puede volver a su patria, se dirige a Estados Unidos en marzo de 1794. Allí se queda durante 2 años en los que practica la especulación inmobiliaria, con lo que hace fortuna. Sin embargo, solo alberga un deseo, que es volver a Francia.

La caída de Robespierre en julio de 1794 devuelve la esperanza al exiliado: tiene motivos para esperar el Terror desaparezca con su principal abanderado. No obstante, antes de volver, tiene que hacer desaparecer los cargos que pesan sobre él. Entonces, Talleyrand busca el apoyo de sus aliados. La más famosa de ellos no es otra que Madame de Staël (mujer de letras francesa, 1766-1817), que lo defiende. En septiembre de 1795, Talleyrand gana el caso y puede volver a Francia. Sin embargo, espera hasta septiembre del año siguiente para regresar, lo que le permite observar de lejos los primeros pasos del Directorio. Talleyrand sabe que este nuevo régimen es precario, pero le puede servir de trampolín para otra cosa.

Cuando regresa a Francia, el antiguo obispo de Autun conoce a Paul de Barras, director durante todo el régimen del Directorio. Este último, impresionado por Talleyrand, lo nombra ministro de Asuntos Exteriores en julio de 1797. Ante todo, este mandato representa para Talleyrand la ocasión de aumentar su influencia y, sobre todo, de amasar una ingente cantidad de dinero pidiendo muchos sobornos. Sin embargo, este procedimiento casi lo lleva al desastre porque deteriora las relaciones entre Francia y Estados Unidos en el famoso caso XYZ.

<u>**E**L CASO **XYZ**</u>

El caso XYZ estalla cuando las relaciones entre Francia y Estados Unidos llevan deteriorándose desde hace varios años. En 1794, Estados Unidos firma con Inglaterra un tratado comercial que no gusta nada a Francia, aliada de los estadounidenses durante la guerra de Independencia. Entonces, se origina una auténtica guerra marítima entre ambos países. Hasta 1800, al menos 800 barcos estadounidenses son inspeccionados por los corsarios franceses. Para restablecer la neutralidad, se envía a 3 emisarios estadounidenses a París, donde son recibidos por 3 personas cercanas a Talleyrand que, más adelante, serán llamadas X, Y y Z. Estas últimas intentarán obtener importantes concesiones y comisiones ilegales, lo que provocará un escándalo. Esta crisis diplomática empeora y Talleyrand evita la guerra por poco. En 1800, el Tratado de Mortefontaine pone un punto final definitivo al conflicto.

Su puesto de ministro permite sobre todo a Talleyrand conocer a un general ambicioso, que ya ha alcanzado la gloria tras su victoria en el puente de Arcole contra los austriacos en 1796. Este personaje no es otro que Napoleón Bonaparte. En cuanto accede a su cartera, Talleyrand inicia una correspondencia con el general, adulándolo y felicitándolo por sus hazañas. La seducción funciona tan bien que, en cuanto regresa de Italia en diciembre de 1797, Bonaparte solicita un encuentro con Talleyrand. Aunque tienen un carácter muy distinto, resultan ser complementarios. Así, el ministro evalúa todo el potencial del general corso que manifiesta su deseo de reforzar el ejecutivo en Francia y de reformar la Constitución. Pero todavía es demasiado pronto. Por ello, Talleyrand respalda la expedición de Egipto que desea liderar Bonaparte en 1798. Aunque no se obtienen los resultados esperados en esta última, salvo en el plano científico, sirve para que siga creciendo la popularidad del general, aclamado a su regreso en agosto de 1799.

| Obra que representa la campaña de Napoleón en Egipto, cuadro de Jean-Léon Gérome, 1863.

Mientras tanto, Talleyrand actúa con inteligencia desde las sombras para derrocar el Directorio, aliándose en particular con Emmanuel-Joseph Sieyès. El 13 de julio de 1799, dimite de su puesto de ministro. Ahora ya tiene las manos libres y, con el regreso de Bonaparte, se puede activar la maquinaria del golpe de Estado. Durante varias semanas, Talleyrand multiplica las reuniones y congrega a sus aliados detrás de Bonaparte, una obra que, con todo, es extremadamente arriesgada. El Consejo de Ancianos y el Consejo de los Quinientos, atemorizados por lo que creen que es un complot jacobino, son transferidos al castillo de Saint-Cloud el 9 de noviembre de 1799 (18 de brumario del año VIII). De los 5 directores, 4 presentan a la vez su dimisión. Frente al vacío en el ejecutivo, los consejeros ahora tienen la oportunidad de nombrar un Gobierno provisional compuesto por 3 cónsules, entre los que se encuentra Bonaparte. Pero el plan no transcurre tal y como está previsto: los consejeros denuncian un complot y tildan a Bonaparte de dictador. Mientras este último intenta arreglar la situación, está a punto de ser asesinado por un consejero de los Quinientos. Frente a este desastre, el general no tiene más opción que recurrir al ejército, sobre el que tiene el control. Amenazados por las bayonetas, los consejeros ponen punto final al Directorio y crean el Consulado: Napoleón ha ganado; también Talleyrand.

UN OBJETIVO: CONSOLIDAR EL PODER

No hay que esperar demasiado antes de que Talleyrand coseche los beneficios del golpe de Estado. El 22 de noviembre de 1799, el primer cónsul lo nombra ministro de Asuntos Exteriores, función que ocupa esta vez durante más de 7 años.

Durante todo el periodo del Consulado, la relación entre el ministro y el primer cónsul alcanzan su apogeo. En muchos aspectos, Talleyrand se convierte en el segundo hombre del Gobierno. No solo es un simple ministro, sino que alcanza la posición de consejero privilegiado de Bonaparte para todo tipo de asuntos, ya sean internos o externos a la República. Además, Talleyrand trabaja constantemente para consolidar el poder consular, llevando progresivamente el régimen hacia el consulado vitalicio y, más adelante, hacia el Imperio hereditario. Se trata, nada más y nada menos, de volver a dar estabilidad a Francia instaurando un régimen parecido a la monarquía, pero teniendo en cuenta los derechos adquiridos con la Revolución.

Para alcanzar este resultado, Talleyrand primero se esfuerza por restablecer relaciones pacíficas e, incluso, crea alianzas entre Francia y los distintos países de Europa y también Estados Unidos. Así, durante 1800, 1801 y 1802, nacen numerosos tratados cuyas negociaciones lidera el ministro, si no totalmente, al menos en parte. De esta manera,

Francia pacifica su relación con Estados Unidos el 30 de septiembre de 1800. Tras la victoria de Marengo en junio de 1800, también se firma la paz con Austria gracias al Tratado de Lunéville, el 9 de febrero de 1801. El mes siguiente, Francia se reconcilia con Dos Sicilias, en septiembre con Portugal y, en octubre, con Rusia. Para acabar, el 25 de marzo de 1802, el Tratado de Amiens pone un punto final a las rivalidades entre la República e Inglaterra. Aunque Talleyrand no firma estos distintos tratados, su trabajo asiduo durante las múltiples negociaciones permite reconciliar a Francia con el mundo, aunque esto solo será por un tiempo.

La República, que vuelve a ser respetada más allá de sus fronteras, también tiene que restaurar la paz y la estabilidad dentro de sus muros. Sin embargo, Talleyrand y el primer cónsul saben bien que esto no puede llevarse a cabo sin una reconciliación con el clero nacional y con la Iglesia de Roma. En efecto, la religión es lo único que permite establecer un marco duradero para la sociedad de la época. Pero la situación es compleja. Desde 1790, los bienes del clero han sido nacionalizados, los obispos y los sacerdotes están sometidos a juramento y son nombrados por el Estado. Para terminar con este cisma con Roma, Talleyrand, en nombre del Consulado, inicia negociaciones con la Santa Sede, que culminan con la firma del Concordato en julio de 1801. Las diócesis de Francia vuelven a organizarse de nuevo: a partir de ese momento, los obispos son nombrados por el jefe del Estado, pero son investidos por el papa. Para acabar, las necesidades financieras del clero secular son cubiertas por el Estado.

Durante estas negociaciones, Talleyrand intenta también regularizar su situación personal con el papa. El antiguo obispo que, en 1791, provocó el cisma entre Roma y Francia, tiene que pedir perdón por muchas cosas. Tras unas largas negociaciones y después de la intervención de Bonaparte, el papa termina por ceder en junio de 1802 y acepta oficialmente su dimisión: por fin Talleyrand vuelve a la vida civil, aunque no puede casarse. El ministro juega con las palabras y acaba celebrando un enlace en septiembre con la que es su amante desde hace mucho tiempo, Catherine-Noël Verlée (llamada Madame Grand, 1762-1834). En paralelo, en 1803, el primer cónsul ayuda al ministro a terminar el castillo de Valençay, donde este último organiza unas magníficas recepciones.

El Consulado, que se ha consolidado, ya puede transformarse en Imperio. Para ello, la nueva dinastía tiene que deshacerse por completo de la antigua, es decir, de los Borbones. En efecto, estos últimos constituyen una auténtica amenaza para el poder de Napoleón Bonaparte. Desde el principio de su consulado, el general sufre constantemente amagos de atentados que cometen sus adversarios. En realidad, estas acciones son el resultado de un complot que lideran los realistas con el objetivo de colocar a Luis XVIII, hermano de Luis XVI, en el trono. Si se proclama un nuevo rey, significaría el regreso a Francia de un príncipe de la casa de los Borbones. Para Talleyrand, este príncipe no puede ser otro que Luis Antonio Enrique de Borbón-Condé, duque de Enghien (1772-1804) que está refugiado en Ettenheim (Sacro Imperio Romano Germánico), a 10 kilómetros de la frontera con Francia. El ministro convence rápidamente a Bonaparte para que secuestre y ejecute al duque con el objetivo de poner un punto final definitivo al complot realista. Más cabeza de turco que culpable real, el duque es secuestrado el 15 de marzo de 1804. Es transferido a Vincennes, donde es juzgado sin ningún mecanismo de defensa y sin pruebas reales de su implicación en el complot. A continuación, es ejecutado en la noche del 20 al 21 de marzo. Este asesinato indigna a las cortes extranjeras, pero también a algunos notables de Francia. Talleyrand es consciente de este error y se desvincula de este asunto en 1807 quemando cualquier documento que pudiese implicarlo.

Por el momento, un río de sangre separa a Napoleón de los Borbones. A Talleyrand ya no le cuesta convencer al primer cónsul de que suba al trono imperial: el 18 de mayo de 1804 se proclama el Imperio. El 2 de diciembre, Napoleón Bonaparte es consagrado emperador de los franceses con el nombre de Napoleón I: se culmina la obra imperial de Talleyrand.

| *Napoleón I en su trono*, cuadro de Jean Auguste Dominique Ingres, 1806.

«MIERDA EN UNA MEDIA DE SEDA»

Talleyrand se convierte en chambelán de Napoleón en julio de 1804 y continúa con su función de ministro de Asuntos Exteriores. Pero las ambiciones del ministro y las del Emperador ya no coinciden. Napoleón, que se vanagloria de su posición, quiere remodelar Europa según sus intereses. Esta sed insaciable por controlar el continente se encuentra con la oposición de sucesivas coaliciones de otras potencias europeas. Durante 10 años, el continente entra en las guerras napoleónicas. Talleyrand, que por su parte busca mantener el equilibrio entre las potencias, sigue recomendando en vano al Emperador que sea moderado.

En 1805, la campaña contra Austria y la victoria de Austerlitz catapultan el Emperador a la gloria: entonces, está en condiciones de imponer sus cláusulas para la paz. Talleyrand, que se muestra a favor de una alianza duradera entre Francia y Austria, insta a Napoleón a que modere sus condiciones. Para el ministro, la paz en Europa depende de un frágil equilibrio entre las 4 grandes potencias, Francia, Inglaterra, Rusia y

Austria, a las que se suma más adelante Prusia. Desde la Revolución, Francia siempre está en minoría frente a las coaliciones. Sin embargo, Talleyrand cree que la victoria de Austerlitz es la ocasión para restablecer el equilibrio incorporando Austria al bando francés. No obstante, el Emperador hace caso omiso de la petición de clemencia y prefiere cerrar una alianza con Rusia. El Tratado de Presburgo del 26 de diciembre de 1805 que se impone a Austria resulta muy duro para el ministro, que se ve obligado a firmarlo. Austria, despojada de varios territorios, pierde más de 4 millones de habitantes y debe pagar importantes indemnizaciones a Francia. Para acabar, el tratado también marca el final del Sacro Imperio, sustituido por la Confederación del Rin, en la que Austria ya no tiene ningún poder.

Para Talleyrand, esta oportunidad desperdiciada no será su única decepción. En noviembre de 1806, vuelve a aconsejar a Napoleón que haga gala de moderación. Sin embargo, el Emperador decreta el Bloqueo Continental que impone a las naciones europeas contra los productos ingleses. El ministro y el Emperador ya no comparten objetivo, aunque esto no impide que Napoleón honre a su servidor. En 1806, entrega a Talleyrand el principado de Benevento, que le permite gozar de cómodas rentas. Al año siguiente, en julio, el Emperador vuelve a resultar vencedor frente a los aliados. Prusia, aplastada en Jena, es desmembrada en el Tratado de Tilsit que, a la vez, materializa la alianza entre Francia y Rusia. Talleyrand, que ha tenido que redactar el tratado, vuelve a estar decepcionado por la actitud de Napoleón. El príncipe de Benevento desea alejarse de la visión imperial y, en agosto de 1807, presenta su dimisión del puesto de ministro de Asuntos Exteriores. Napoleón acepta su salida y nombra a Talleyrand vice gran elector del Imperio.

Aunque ya no es ministro, Talleyrand sigue siendo fundamental para Napoleón y sigue aconsejándolo en multitud de ocasiones. Así, en 1808, sugiere al Emperador que intervenga en España. Pero esta iniciativa, que tiene como objetivo destronar a los Borbones en España, resulta ser un auténtico fracaso. El pueblo español, indignado, lleva a cabo una guerra de guerrillas contra las tropas imperiales. Durante 6 años, Napoleón se ve obligado a mantener varios cuerpos del ejército en España para preservar el orden. Talleyrand se aleja rápidamente de esta guerra y hará desaparecer sus documentos relativos a esta intervención.

Tras haber instado en vano a Napoleón para que se muestre moderado, el exministro termina por oponerse abiertamente al Emperador y llega a traicionarlo. Napoleón intenta establecer una alianza militar con Rusia y, para ello, organiza un congreso en Erfurt en el otoño de 1808. Talleyrand forma parte de la comitiva como consejero encargado de redactar un nuevo tratado. Para esta ocasión, no duda en apartarse del Emperador aconsejando al zar Alejandro I (1777-1825) que rechace la alianza. Se dirige a este y le dice:

> «Sir, ¿qué viene a hacer aquí? Usted es quien debe salvar a Europa, y solo lo logrará enfrentándose a Napoleón. El pueblo francés es civilizado, pero su soberano no lo es; el soberano de Rusia es civilizado, pero su pueblo no lo es; por lo tanto, es el soberano de Rusia quien debe ser aliado del pueblo francés; el resto es la conquista del

Emperador; Francia no se aferra a esto»[2] (de Waresquiel 2003, 390).

La reunión de Erfurt es un fracaso para Napoleón, que no recibe el apoyo esperado. No obstante, jamás se imaginará que Talleyrand —quien, por su parte, considera que ha salvado a Europa— lo ha traicionado. Este episodio, llamado la traición de Erfurt, incrementa la imagen de traidor del diplomático.

Decepcionado, Napoleón va a España. Pasan las semanas sin que el Emperador dé noticias, hasta tal punto que, en París, a principios del mes de enero de 1809, muchos creen que está muerto. Talleyrand aprovecha la ocasión para conspirar. Junto al ministro de Policía Joseph Fouché, duque de Otranto (1759-1820), prepara simple y llanamente la sucesión e, incluso, la sustitución de Napoleón. El Emperador, que es informado de este complot, vuelve urgentemente a París el 23 de enero. Para este último, la felonía de su antiguo ministro es completa. Durante la reunión de su consejo, que tiene lugar 4 días más tarde, Napoleón le quita la autoridad a Talleyrand y

---

2. Cita traducida por 50Minutos.es

le retira su título de gran chambelán. Aún más, lo insulta durante más de media hora. Pasará a la historia la frase que el Emperador le dirige a Talleyrand: «Tenga, señor, es una mierda en una media de seda» (Roberts 2016).

SALVAR A FRANCIA EN EL CONGRESO DE VIENA

Aunque no lo muestra abiertamente, Talleyrand está conmocionado: está convencido de que el Emperador va a ordenar su arresto y ejecución. Sin embargo, la sangre no llega al río, y es que el hombre es insustituible a ojos de Napoleón. Contra todo pronóstico, sigue siendo uno de los consejeros privilegiados del Emperador, sobre todo durante su divorcio y su nuevo matrimonio con María Luisa de Austria (1791-1847). No obstante, el diplomático sigue tramando contra él vendiendo información a las autoridades austriacas. Por lo demás, Talleyrand se aleja cada vez más de Napoleón, a pesar de que este le pide reiteradamente que retome su función ministerial. El fracaso de la campaña de Rusia en 1812 marca para él el principio del fin del reino imperial. La sucesión de acontecimientos volverá a darle la razón.

En 1814, se forma una nueva coalición contra Napoleón. Asediado por todas partes, el Emperador se ve obligado a replegarse en las fronteras nacionales. La campaña de Francia se salda con su abdicación y su exilio a la isla de Elba. Mientras tanto, Talleyrand maniobra hábilmente para estar en el lugar adecuado. El 23 de enero de 1814, el Emperador lo nombra para el Consejo de Regencia, justo antes de retomar la guerra: es la última vez que los 2 hombres se ven. En marzo, cuando los aliados llegan a París, Talleyrand se ha convertido en dueño de la ciudad y negocia la rendición. Más que una abdicación de Napoleón en favor de su hijo, Talleyrand sugiere la restauración de los Borbones. Entonces, el Senado lo nombra jefe del Gobierno provisional: de esta manera, el diplomático alcanza el escalón de poder más elevado e, inmediatamente, empieza a desmontar la estructura imperial que paradójicamente había ayudado a construir. El 1 de mayo, Talleyrand ofrece la corona a Luis XVIII y firma el Tratado de París el 30 de mayo, que restablece la paz con los aliados y el retorno de las fronteras de Francia a sus conquistas de 1792.

El desmantelamiento del Imperio napoleónico no es un asunto sencillo. Las potencias europeas convocan un congreso en Viena para organizar el reparto de Europa. Talleyrand, que vuelve a ser ministro de Asuntos Exteriores con Luis XVIII, representa a Francia en Viena. Sin lugar a dudas, su actuación en el congreso es la más importante de toda su carrera. Se trata ni más ni menos de restaurar la imagen de Francia y de garantizar una paz duradera con sus vecinos. Juega hábilmente y aprovecha las diferencias entre las potencias para lograr sus objetivos. Así, Rusia y Prusia se ven limitadas en sus conquistas territoriales. Por lo demás, Francia confirma durante un tiempo sus posesiones territoriales de 1792. Pero estos acuerdos no tienen en cuenta el regreso de Napoleón.

| *El Congreso de Viena*, cuadro de Jean-Baptiste Isabey, 1815.

El 1 de marzo de 1815, Bonaparte llega a Francia para retomar el poder. En un país que vive con la nostalgia del Imperio, donde la Restauración parece un paso atrás, no le cuesta nada expulsar a Luis XVIII y volver a colocarse a la cabeza del país. No obstante, la maniobra provoca que surja de inmediato una nueva coalición. Este giro napoleónico, llamado «los Cien Días», termina bruscamente con la derrota de Waterloo el 18 de junio de 1815. Las consecuencias diplomáticas no se hacen esperar: Francia es desacreditada. En plena negociación en Viena, Talleyrand salva lo que puede. Sin embargo, no logra impedir que las fronteras francesas vuelvan a ser las mismas que antes de la Revolución. Talleyrand firma el acta final del congreso el 9 de junio de 1815. A continuación, se une a Luis XVIII, refugiado en Mons, antes de volver a París, donde obtiene la presidencia del Consejo de Ministros. Esto no quiere decir que haya terminado ya la acción del diplomático.

REPERCUSIONES

FRANCIA EN EL CONCIERTO DE LAS GRANDES POTENCIAS

Aunque Talleyrand traiciona más de una vez a los hombres para los que trabaja, la razón es que su único objetivo es la gloria de Francia. Esta obstinación aparece representada a la perfección en la resolución del Congreso de Viena. Cuando el ministro de Asuntos Exteriores llega a la capital austriaca el 22 de septiembre de 1814, en un primer momento está aislado y apartado. Francia, relegada al puesto de espectadora junto con España, Portugal o Suecia, asiste impotente al reparto de Europa que organizan los que vencen a Napoleón. Preocupado por el equilibrio de las potencias en el continente, el diplomático no entiende que su país sea continuamente excluido. Así, recuerda a los aliados que Francia ya no es un enemigo: el reinado de Napoleón ha terminado, al igual que la guerra.

Talleyrand se presenta como el hombre que no

reclama nada para Francia, salvo consideración, aunque tiene reivindicaciones secretas. Está particularmente interesado por el destino del reino de Sajonia, ya que en su opinión es el garante de un frágil equilibrio entre Austria y una Prusia que desea crecer. De hecho, en el congreso, esta última reclama con fuerza el pequeño reino para compensar los territorios que pierde en Polonia. Además, el ministro desea limitar la expansión de Rusia, que ha tomado una gran parte de la propia Polonia. Pero, por el momento, Talleyrand tiene unos instrumentos de acción limitados. Antes de redibujar el mapa de Europa, debe restaurar la posición de Francia en el concierto de las grandes potencias.

Durante varios meses, el ministro juega con las debilidades de cada uno. Se acerca en particular a Inglaterra y a Austria, uniéndolos a su causa en la cuestión de Sajonia. El 3 de enero de 1815, el ingenioso ministro obtiene la firma de un tratado de alianza con Londres y Viena, garantizando una ayuda militar de los firmantes en caso de agresión de otra potencia. Así pues, de manera informal, este tratado pone sobre aviso a Rusia y a Prusia, pero sobre todo pone punto final al aislamiento de Francia. Por lo tanto, la maniobra alcanza el éxito. El 8 de enero, se admite definitivamente a Talleyrand para que ocupe su lugar junto a las otras potencias. Las 5 grandes terminan por llegar a un acuerdo en las cuestiones más importantes del congreso. Sajonia responde a las esperanzas del ministro y conserva en gran medida su territorio y su independencia. En cuanto a Polonia, solo se erige parcialmente como reino, situado al amparo del zar de Rusia. Sin embargo, a cambio de estos acuerdos, Talleyrand no puede impedir, por una parte, la creación del reino de Países Bajos, destinado a contener a Francia dentro de sus fronteras, y, por otra, la instalación de Prusia en Renania, lo que le da en la práctica una frontera con el territorio francés.

Aunque el regreso de Napoleón en 1815 empaña la imagen del país, haciendo que pierda varios territorios, Talleyrand logra la hazaña de reintegrar a Francia en el concierto de las grandes potencias. Acude a Viena en posición de debilidad y vuelve como vencedor de la diplomacia.

LA RECONCILIACIÓN CON INGLATERRA

Talleyrand, nombrado durante un tiempo presidente del Consejo de Ministros a su regreso a Francia, en seguida se ve enfrentado a sus oponentes políticos, los ultrarrealistas, partidarios de una monarquía absoluta. Así pues, el ministro liberal se ve obligado a dimitir el 19 de diciembre de 1815. Para compensarlo, el rey Luis XVIII lo nombra gran chambelán, función que ya había ejercido con Napoleón. Aunque sigue siendo miembro de la Cámara de los Pares, Talleyrand se retira la mayor parte del año a su castillo de Valençay. Aparte de algunas intervenciones políticas, sobre todo a favor de la libertad de prensa en 1821, el diplomático solo regresa a la arena en 1830. En efecto, una nueva revolución ha puesto punto final al reinado de Carlos X y ha puesto en el poder al duque de Orleans, que se convierte en Luis Felipe I. El rey, cercano a Talleyrand, le propone a este el puesto de ministro de Asuntos Exteriores. No obstante, este le pide al nuevo soberano que lo envíe como embajador a Inglaterra, ya que el viejo diplomático considera que es en Londres donde Francia lo necesita. De hecho, Talleyrand desea reconciliar a los 2 países, que tantas veces se han enfrentado a lo largo de la historia. La revolución belga que estalla en agosto de 1830 le brinda la oportunidad. Desde 1815, el reino de Países Bajos agrupaba a las antiguas Provincias Unidas protestantes y a los antiguos Países Bajos austriacos católicos. Las diferencias entre estos 2 grupos llevan a la insurrección de los belgas y, el 4 de octubre, el reino de Bélgica alcanza su independencia. Esta nueva revolución, que puede propagarse y poner en entredicho el frágil equilibrio establecido durante el Congreso de Viena, preocupa a las potencias europeas. Estas últimas, muy decididas a solucionar esta crisis, abren un ciclo de conferencias en Londres el 4 de noviembre.

Luis Felipe I nombra a Talleyrand para que represente a Francia. De inmediato, el embajador se acerca a los deseos británicos. Francia e Inglaterra imponen su visión a las otras potencias y militan por una Bélgica independiente. No obstante, los británicos quieren que el nuevo país sea neutral, lo que garantizaría el equilibrio europeo, pero que no es del gusto de Talleyrand, puesto que impide toda anexión posterior de los territorios belgas a Francia. Sin embargo, se ve obligado a aceptar esta neutralidad. El viejo embajador ha acercado su país a su vecino del otro lado del canal de la Mancha. Este acuerdo se confirma en abril de 1834, con la firma del Tratado de la Cuádruple Alianza entre Francia, Inglaterra, España y Portugal. Se trata del último acto diplomático de Talleyrand. Ahora, con 80 años, aspira a una jubilación muy merecida.

Talleyrand vuelve a Francia en septiembre de 1834, donde muere de vejez 4 años más tarde, el 17 de mayo de 1838 en París, no sin haber llevado a cabo una última negociación. El diplomático brillante, que ha sobrevivido a tantos regímenes y a una época de grandes cambios, redacta un acto de retractación por sus errores y se reconcilia con la Iglesia. El diablo cojo vuelve a recuperar la paz de espíritu.

EN RESUMEN

1754
2 feb.: nacimiento de Talleyrand

1779
Talleyrand es ordenado sacerdote

1788
Talleyrand obtiene el obispado de Autun

1789

May.: **Talleyrand es elegido diputado del clero para los Estados Generales**

Talleyrand redacta el artículo VI de la Declaración de los Derechos del Hombre y del Ciudadano

1790
Se nacionalizan los bienes del clero y los sacerdotes se ven obligados a prestar juramento
1792
Talleyrand dimite del obispado y se exilia en Inglaterra
1794
Talleyrand se exilia en Estados Unidos
1796
Talleyrand es nombrado ministro de Asuntos Exteriores
1799
9-10 nov.: Talleyrand participa en el golpe de Estado del 18 de brumario
1799-1807
Talleyrand es ministro de Asuntos Exteriores
1808
Talleyrand traiciona al Emperador en Erfurt

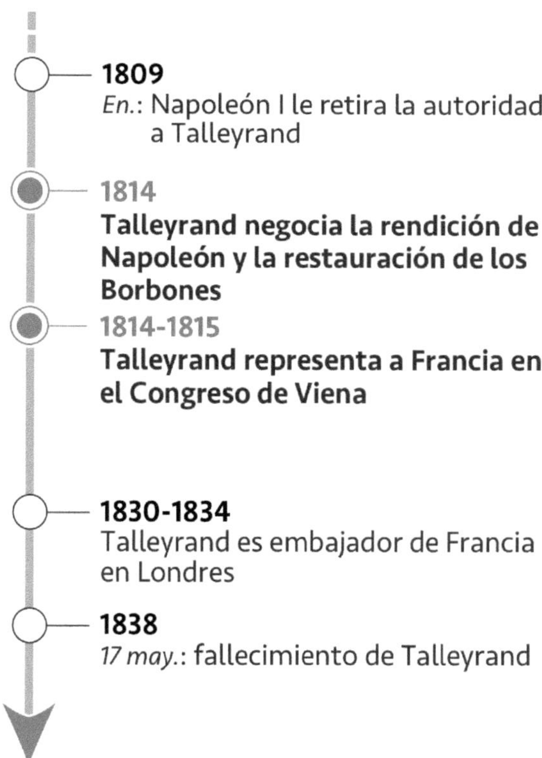

- Charles Maurice de Talleyrand-Périgord nace el 2 de febrero de 1754 en París. Tiene un pie equinovaro, probablemente de nacimiento, y es destituido de sus derechos de primogenitura en favor de su hermano menor, por lo que es destinado a una carrera eclesiástica. Con 16 años, entra en el seminario de Saint-Sulpice.

- Es ordenado sacerdote en 1779 y, más adelante, el rey Luis XVI lo nombra obispo de Autun en 1788, aunque Talleyrand muestra poco interés por los asuntos religiosos y prefiere la política. La Revolución de 1789 y la convocación de los Estados Generales le brindan la ocasión para destacar. Es elegido diputado del clero y acude a Versalles en mayo de 1789.

- El obispo de Autun se une a la causa del tercer estado y participa activamente en la elaboración de la primera Constitución francesa, al igual que en la Declaración de los Derechos del Hombre y del Ciudadano, donde redacta el artículo VI. También recomienda en 1790 la nacionalización de los bienes del clero y la obligación de juramento de los sacerdotes.

- Al dimitir de su puesto de obispo, Talleyrand huye del Terror y, en 1792, opta por exiliarse en Inglaterra y, después, en Estados Unidos. No volverá a Francia hasta 1796, cuando se convierte en ministro de Asuntos Exteriores del Directorio. No obstante, está convencido del carácter efímero de este régimen.

- Su función de ministro lo lleva al menos a conocer a Napoleón Bonaparte, que entonces es general del ejército de Italia. Constata su ambición, en la que Talleyrand ve un medio para poner punto final al Directorio. Dimite de su ministerio en julio de 1799 y participa activamente en el golpe de Estado del 18 de brumario que lleva a Bonaparte al poder.

- Talleyrand vuelve a ocupar el cargo de ministro en el Consulado y se esfuerza por dar estabilidad a Francia, tanto dentro como fuera de sus fronteras. Así, participa en las negociaciones de Lunéville (1801), del Concordato (1801) y de Amiens (1802). Para acabar, sugiere a Napoleón que se deshaga del duque de Enghien en 1804, lo que abre el camino al Imperio hereditario.

- Gran chambelán de Napoleón, el ministro se aleja cada vez más del Emperador ya desde el principio de su reinado. Talleyrand, que predica la moderación y busca un equilibrio europeo, se opone a la ambición conquistadora de Napoleón. Esta dualidad lo lleva a dimitir en 1807 e, incluso, a traicionar al Emperador en Erfurt un año más tarde.

- Al año siguiente, sin noticias de Napoleón atrapado en España, Talleyrand trama un complot con Joseph Fouché con el objetivo de sustituir al Emperador. Sin embargo, el intento se aborta por el regreso de Napoleón, enloquecido de ira contra su antiguo ministro, al que quita su autoridad.

- Entonces, Talleyrand espera pacientemente el final del reinado imperial. En 1814, cuando cae el Emperador, se convierte en amo de París y negocia la rendición y la restauración de los Borbones. También acude al Congreso de Viena para representar a Francia. Allí logra hábilmente reintegrar al reino en el concierto de las grandes potencias.
- Apartado del poder en 1815, se convierte en embajador en Londres en 1830 para el rey Luis Felipe I. A partir de ese momento, participa en el acercamiento entre las 2 naciones, sobre todo cuando estalla la revolución belga de 1830.
- Se jubila en 1834 y muere en París el 17 de mayo de 1838.

¡Tu opinión nos interesa!
¡Deja un comentario en la página web de tu librería en línea,
y comparte tus favoritos en las redes sociales!

PARA IR MÁS ALLÁ

FUENTES BIBLIOGRÁFICAS

- Bertaud, Jean-Paul. 2007. *Le Consulat et l'Empire. 1799-1815*. París: Armand Colin.

- Colectivo. 2006. "La Révolution française". *Histoire universelle: La Révolution française. Napoléon*, tomo 16. París: Hachette.

- de Talleyrand-Périgord, Charles Maurice. 1891-1892. *Mémoire du prince de Talleyrand*. París: Lévy.

- de Waresquiel, Emmanuel. 2003. *Talleyrand: le prince immobile*. París: Fayard.

- Ferrero, Guglielmo. 1996. *Talleyrand a Vienne 1814-1815*. París: Édition de Fallois.

- Jourdan, Annie. 2000. *L'empire de Napoléon*. París: Flammarion.

- Lentz, Thierry. 2013. *Le congrès de Vienne: une refondation de l'Europe. 1814-1815*. París: Perrin.

- Morange, Jean. 2002. *La Déclaration des droits de l'homme et du citoyen (26 août 1789)*. París: PUF.

- Zorgbibe, Charles. 2012. *Talleyrand et l'invention de la diplomatie française*. París: Édition de Fallois.

FUENTES COMPLEMENTARIAS

- Arévalo, Héctor Darío. 2016. *Constitución política de Colombia.* Bogotá: ECOE Ediciones.

- Castelot, André. 1980. *Talleyrand ou le cynisme.* París: Perrin.

- Colectivo. 2006. "L'empire napoléonien". *Histoire universelle: La Révolution française. Napoléon,* tomo 16. París: Hachette.

- Colectivo. 2006. "Le congrès de Vienne". *Histoire universelle: La Révolution française. Napoléon,* tomo 16. París: Hachette.

- Lawday, David. 2015. *Talleyrand: le maître de Napoléon.* París: Albin Michel.

- Orieux, Jan. 1970. *Talleyrand ou le sphinx incompris.* París: Flammarion.

- Roberts, Andrew. 2016. *Napoleón: Una vida.* Madrid: Ediciones Palabra.

FUENTES ICONOGRÁFICAS

- *Apertura de los Estados Generales en Versalles, en la sala de los Pequeños Placeres, el 5 de mayo de 1789,* cuadro de Isidore-Stanislas Helman y de Charles Monet. La imagen reproducida está libre de derechos.

- Cuadro que representa la toma de la Bastilla. La

imagen reproducida está libre de derechos.

- *Ejecución de Luis XVI*, según un grabado alemán, 1793. La imagen reproducida está libre de derechos.

- *Consagración del emperador Napoleón I y coronación de la emperatriz Josefina*, cuadro de Jacques-Louis David, 1806-1807. La imagen reproducida está libre de derechos.

- Obra que representa la campaña de Napoleón en Egipto, cuadro de Jean-Léon Gérome, 1863. La imagen reproducida está libre de derechos.

- *Napoleón I en su trono*, cuadro de Jean Auguste Dominique Ingres, 1806. La imagen reproducida está libre de derechos.

- *El Congreso de Viena*, cuadro de Jean-Baptiste Isabey, 1815. La imagen reproducida está libre de derechos.

LITERATURA

- Boulain, François. 2002. *Le Diable boiteux ou les Passions de M. de Talleyrand.*

- Brisville, Jean-Claude. 2005. *La cena.* Barcelona: Editorial Milenio

- Duchon-Doris, Jean-Christophe. 2006. *Le Cuisinier de Talleyrand.*

PELÍCULAS, DOCUMENTALES Y SERIES DE TELEVISIÓN

- *Le Diable boiteux*. Dirigida por Sacha Guitry, con Lana Marconi y Maurice Schutz. Francia: Union Cinématographique Lyonnaise. 1948.

- *Les Jupons de la Révolution: Talleyrand ou les lions de la revanche*. Serie de televisión de 2 episodios dirigida por Vincent de Brus, con Bernard-Pierre Donnadieu, Emmanuelle Béart y Stéphane Freiss. Francia: 1989.

- *La cena*. Dirigida por Édouard Molinaro, con Claude Brasseur, Claude Rich y Ticky Holgado. Francia: 1992.

- *Napoleón*. Serie de televisión de 4 episodios dirigida por Yves Simoneau, con Christian Clavier, Isabella Rossellini y Gérard Depardieu. Francia/Canadá: 2002.

- *Secrets d'histoire: Talleyrand, le Diable boiteux.* Presentado por Stéphane Bern. Francia: 2012.

MUSEOS Y MONUMENTOS CONMEMORATIVOS

- El museo Talleyrand en el castillo de Le Marais, en Le Val-Saint-Germain, Francia.

- El castillo de Valençay, en el departamento de Indre, Francia.

- La tumba de Talleyrand, situada en la capilla de Notre Dame, en Valençay, Francia.

- El hotel de Saint-Florentin, en París, Francia.

www.50Minutos.es

ISBN ebook: 9782806297594

ISBN papel: 9782806297600

Depósito legal: D/2017/12603/280

Libro realizado por <u>Primento</u>, el socio digital de los editores